Stèles égyptiennes au Musée national de Stockholm

Nationalmuseum Nationalmuseum

STÈLES ÉGYPTIENNES

AU

MUSÉE NATIONAL DE STOCKHOLM.

STÈLES ÉGYPTIENNES

AU

MUSÉE NATIONAL DE STOCKHOLM.

PAR

MARIA MOGENSEN.

ANDR. FRED. HÖST ET FILS.

COPENHAGUE

Au directeur du Musée National

de Stockholm

RICHARD BERGH.

Je dois la plus … de reconnaissance … la direction de … dation Carlsberg qui … paye les frais du livre.

TABLE DES MATIÈRES.

14.   h. 0,53; l. 0,34.   Moy. n. Emp.

Stèle.   Calcaire.

Lit: J Librum, catalog öfver Egyptiska Forrlem-ningar i Nationalmuseum. Stockholm 1874. Nr. 14; S. 23.

Stèle cintrée à quatre registres. Une ligne d'hiéroglyphes forme une sorte de cadre autour de l'image principale de la stèle.

a. Homme assis de profil à droite. Chaise au dossier peu élevé. Le bras gauche plié, à la main un lotus qu'il respire. Grande perruque. La figure est très-effacée.

b. Femme assise, tournée à gauche. Position comme a. Grande perruque de femme. Au-dessous de la chaise de b un miroir en étui.

... a été quelque objet, proba=
... une table d'offrandes, à
présent complètement effacé.
... d'une cruche sur un sup=
... au-dessus de a et de b une
... de cinq lignes horizon=
tales.

... être ... comme a...
... d'une inscrip=
...

<u>d</u>. Femme assise, de profil à gauche, représentée comme c. Entre c et d une table avec des victuailles. Au-dessous de la table de différents cru-ches et vases. Auprès de c et de d de faibles restes d'une inscription.
Au-dessous de la chaise de d un mi-roir en étui.

<u>d'</u> Figure debout à gauche. Peut-être une fille. Devant d' les restes d'une inscription :

<u>e</u>. Femme debout de profil à droite. Le bras gauche plié ; dans la main un lotus. Costume et coiffure ordinaires. Devant e :

<u>f</u>. Homme debout de profil à gauche. Le bras droit plié ; dans la main un lotus.

... comme au devant g :

h. comme devant, de
près à gauche
comme ... devant :

... comme g et h

... autour de l'image...
jusqu'à ... devisé en deux par...
... au sommet...
...

L'inscription à gauche contient un offertoire à Anubis. L'inscription à droite ne contient que des noms, cette inscription est malheureusement tellement effacée, qu'elle est à peu près illisible.

À gauche :

À droite :

La surface de la stèle très-mutilée.

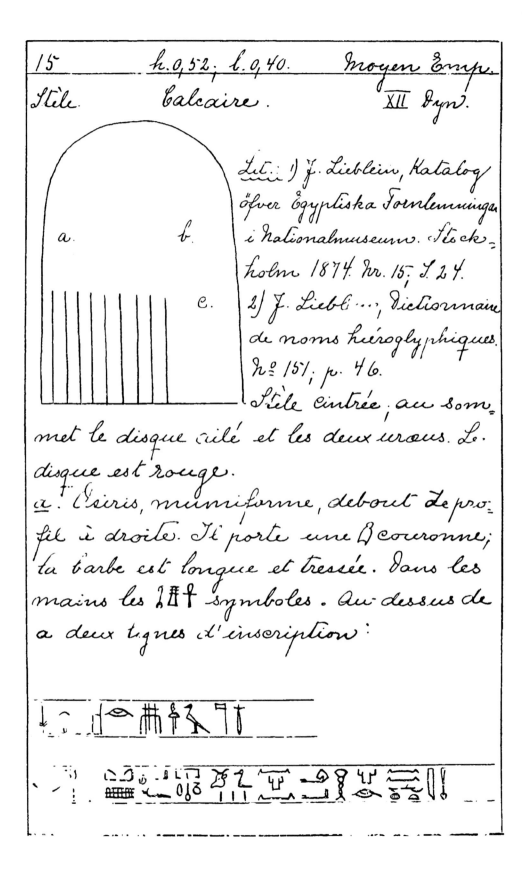

15   h. 0,52; l. 0,40.   Moyen Emp.

Stèle.   Calcaire.   XII Dyn.

Lit.: 1) J. Lieblein, Katalog öfver Egyptiska Fornlemningar i Nationalmuseum. Stockholm 1874. Nr. 15; S. 24.

2) J. Liebl..., Dictionnaire de noms hiéroglyphiques. N° 151; p. 46.

Stèle cintrée; au sommet le disque ailé et les deux uraeus. Le disque est rouge.

a. Osiris, mumiforme, debout de profil à droite. Il porte une couronne; la barbe est longue et tressée. Dans les mains les symboles. Au-dessus de a deux lignes d'inscription:

derrière a :

b. Homme debout, tourné
à gauche, en acte d'ado=
ration . Il porte une am=
ple jupe . Petite perruque
(ou peut-être lib de). Grand
collier. Les parties nues de la
figure portent des traces visibles
de couleur rouge. Devant et der=
rière b une ligne d'inscription ver=
ticale :

Entre a et b le nom
du roi d'Amenemhet III :

C. Homme debout, tourné à g.

Papyrus d'ec :

devant c neuf colonnes à
inscription vides.

Stèr.   Grès.

lit. J. Lieblein, Katalog
öiver Egyptiska Forn-
lemningar i National
museum. Stockholm
1874. nr 17, S. 24.

Stèle carrée ne conte-
nant que des inscrip-

17. — — — — Moy... ...

tions. L'inscription ... ...

lonne est un formule ... ...

16   i. 9.35; i. 9.23.   Moyen Emp.

Stèle.   Calcaire

Lit.: 1) J. Lieblein, Katalog öfver
Egyptiska Fornlemningar i
National museum. Stockholm
187 . n° 2;
2) ..... , Dictionnaire
de ... hiérogl. n° 167; p. 5°.

... sommet de laquelle
bo'es. ... gauch . ...
... et b. d'omme. et
....
.... à dr... bl. ..
....
....
.... aux
....
.... l'axe visible les
... b. 7 .... ..tes. Autour.
de .. ..
.... bras gauche

autour du dos de a; on voit sa main
sur l'épaule de a. L'attitude du bras
droit comme celle de a. L'habit et la
perruque usuels. Au-dessus de a et de b:

c et d. Homme et femme de profil à
gauche. Comme a et b excepté l'attitude du bras de c. Le bras gauche un
peu plié; dans la main une étoffe.
Le bras droit est plié; la main ouverte.
Entre a+b et c+d une table couverte
de feuilles de palmiers.
Au-dessus de c et de d:

Là-dessous une inscription de trois
lignes en sens horizontal ne con-
tenant que des noms propres:

18.		h. 0,50. l. 0,35.		Moyen Emp.

Stèle.		Calcaire.

Lit.: 1) J. Lieblein, Katalog öfver Egyptiska Fornlemningar i Nationalmuseum. Stockholm 1874. Nr. 18. S. 25. 2) J. Lieblein, Dictionnaire de noms hiérogl. Nº 291; p. 84.

Stèle cintrée. a. Homme assis de prof. à dr. Dans la main gauche une fleur de lotus qu'il respire. Le bras droit plié; la main ouverte. Chaise au dossier bas. Au-dessus de a quatre lignes d'inscription:

b. Homme assis par terre. Tourné à gauche. Dans la main droite une fleur de lotus, qu'il respire. Le bras gauche un peu plié ; la main ouverte.

Au-dessus de b :

c. Femme de prof^l à gauche. Comme b. Les fleurs dans la main gauche. grande perruque. Auprès de c :

d. Homme comme b.

Auprès de d :

e. Femme de profil à droite. Comme c. Auprès de e :

f. Femme de profil à gauche. Comme e. Auprès de f :

18.   Moyen Emp.

g. Homme comme d.

Auprès de g:

h. Homme comme

g. Auprès de h:

Cinq lignes de noms propres. Là-dessous
une prière aux dieux d'Abydos :

... ... l. v.206 ___ Mayn. Emp.
... ...

... J. Pieblen, Watuboj
... ... Forulium-
ninga... ... ...Am...
seum. Ste... ... isu 1874.
In. 19, S. 25.

Stèle cintrée au sommet de
la ... ... les
... ... de profil à droite. Braie
... ... bas. Dans la main gauche,
... ... et le corps, deux bâtons.
... ... un peu plié; la main
... ... jupe. Grande, urruque
... ... lier et des bracelets
... ... est assez mutilée, porte
... ... saubès de couleur rouge.
... ... débout, de profil à gauche
... ... avant est plié; la main
...
... gauche pend à long su

corps, dans la main un lotus.
Habit et perruque usuels.
Des bracelets. l'ollier. Entre a et b une
table avec des victuailles et de differents
vases. On voit en outre au-dessus
de la table un miroir et deux cruches.
au-dessous de la table une tête de
veau et des légumes.
Au-d⋅sus de a et de b une inscrip=
tion horizontale de quatre lignes:

L'inscription est gravée d'une manière
très-nonchalante.

Tête.　　　　　　Calcaire.

Lit.. 1/ J. Lieblein, Katalog
öfver Egyptiska Fornlem=
ningar i Nationalmuse=
um. Stockholm 1874.
Nr. 29; S. 28.
2/ J. Lieblein, Dictionnai=
re s noms hiéroglyphi=
ques. No 81; p. 23.
+

Stèle cintrée. a. Homme debout de profil
à droite. Il por ne jupe courte.
avec ceinture. Grand collier. Lit-de.
il tient la main gauche devant la
poitrine; dans la main un petit rouleau.
Le bras droit pend le long du corps;
la main est ouverte.
b. Comme a mais tourné de l'aut
côté. Entre les figures de différentes
offrandes: des cruches, du pain,
des légumes. Au-dessus des figures unein

scription de neuf lignes. L'inscription est
terminée par un formulaire rare: „La
famille et les amis reçoivent du pain
(snw) d'Osiris, seigneur d'Abydos."

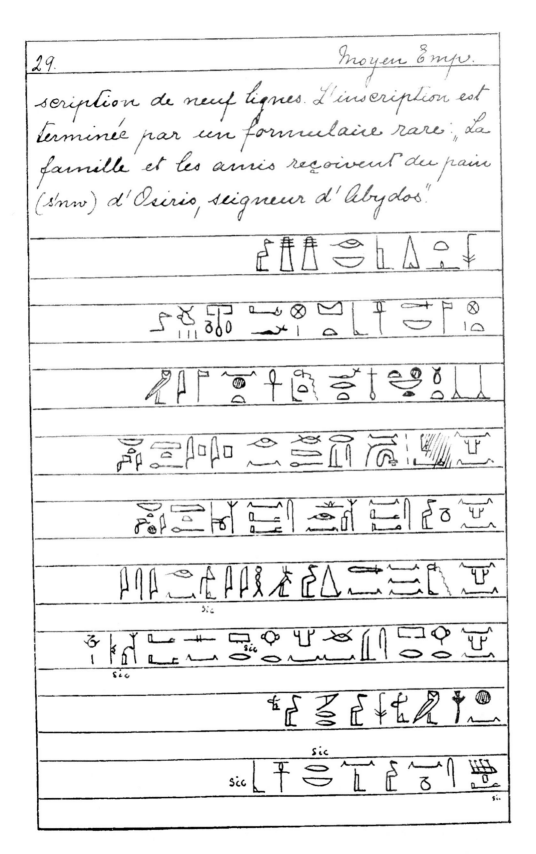

31. _ _ h. 0,45; l. 0,21. _ _ Moyen Emp.

Stèle. Calcaire (avec des restes de couleur).

Lit.: J. Lieblein, Katalog öfver
Egyptiska Fornlemningar i
Nationalmuseum. Stock-
holm. 1874. Nr. 31; S. 28.

Stèle cintrée au sommet
de laquelle les 𓂀𓂀 sym-
boles

a. Homme assis de profil à droite. Chaise
un dossier bas. La main gauche devant la poitrine; il porte dans elle-ci
... ... bras droit un peu
... ... qui ...
... ... collier.
... ... de profil à gauche.
... bras ... ... pié; la main
... ... la jupe ... courte ... voit
la ... ... villier. Entre
... et ... une ... avec des feuilles
... ... vers. La-dessus une natte avec

31.   Moyen Emp.

trois vases. Au-dessus de a et de b une
inscription de sept lignes horizontales :

Stèle.　　　　Calcaire.

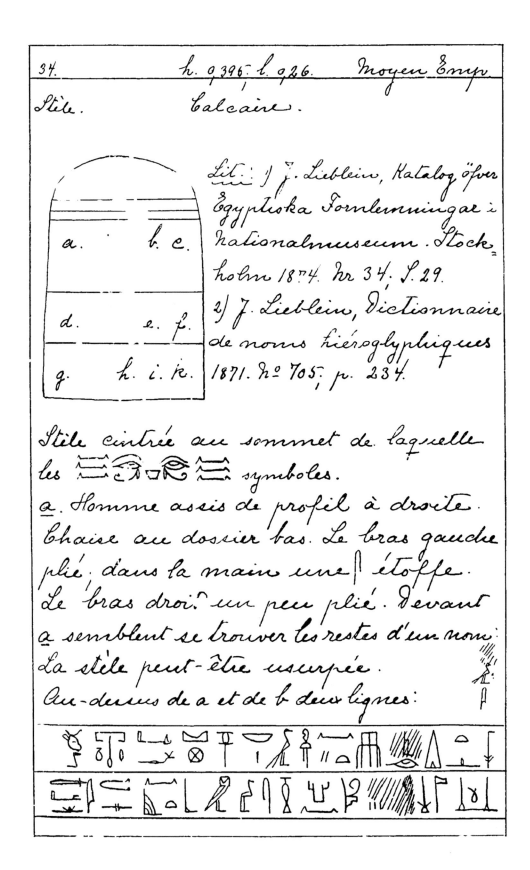

Lit: 1) J. Lieblein, Katalog öfver Egyptiska Fornlemningar i nationalmuseum. Stockholm 1874. Nr 34, S. 29.
2) J. Lieblein, Dictionnaire de noms hiéroglyphiques 1871. no 705; p. 234.

Stèle cintrée au sommet de laquelle les 〈symboles〉 symboles.

a. Homme assis de profil à droite. Chaise au dossier bas. Le bras gauche plié; dans la main une étoffe. Le bras droit un peu plié. Devant a semblent se trouver les restes d'un nom. La stèle peut-être usurpée.

Au-dessus de a et de b deux lignes:

34.   Moyen Emp.

L'inscription se continue auprès de b et

de c: Devant a une table cou-

verte de feuilles de pal-

miers. Au-dessus de la

table une natte avec

des offrandes. Au-dessus de la

table, à droite, on lit un nom:

b. Homme assis par terre. de

profil à gauche. Le bras droit devant

la poitrine ; la main est fermée. Le

bras gauche un peu plié ; la main

ouverte. Grande perruque.

c. Femme comme b. La main

gauche ouverte. Coiffure usuelle.

d. Homme de profil à droite. Comme

c. Le bras gauche devant la poi-

trine ; dans la main une ∫ étoffe.

Le bras droit un peu plié. Devant d

trois lignes d'inscription:

e. Femme comme e. devant e:

f. Femme comme e. devant f:

g. Femme de profil.
à droite. Comme f.
devant g:

h. Femme comme
devant h:

i. Femme comme h.
devant i:

k. Homme comme i. devant k:

Toutes les figures faites
à la silhouette. La surface
de la stèle partiellement effacée.

39.   h. 0,395; l. 0,26.   Moyen Temp.

Stèle.   Calcaire.

a.   b.

Lit.: J. Lieblein, Katalog
öfver Egyptiska Fornlem-
ningar i Nationalmuse-
um. Stockholm 1874.
Nr. 39; S. 30.

Stèle cintrée au sommet de laquelle
les symboles ◯ [𓏏𓏏] ◯
a. Homme assis de profil à droite. Le
bras droit un peu plié; la main ouverte. Dans la main gauche un lotus
qu'il respire. Longue jupe. Grande
perruque. Collier.
b. Homme debout de profil à gauche
Les bras pendent le long du corps; les
mains ouvertes. Jupe courte. Petite
perruque. Collier. Entre a et b une
table avec quatre cruches et trois pains.
Au-dessous de la table une tête de veau
et deux vases. Au-dessus de la table une

...tte ... ... differents légumes. On
... it en ...tre quatre cruches et un
grand miroir. Au-dessus des figures
...ris ...s ...orizontales et une ligne
vertica ...e derrière ...

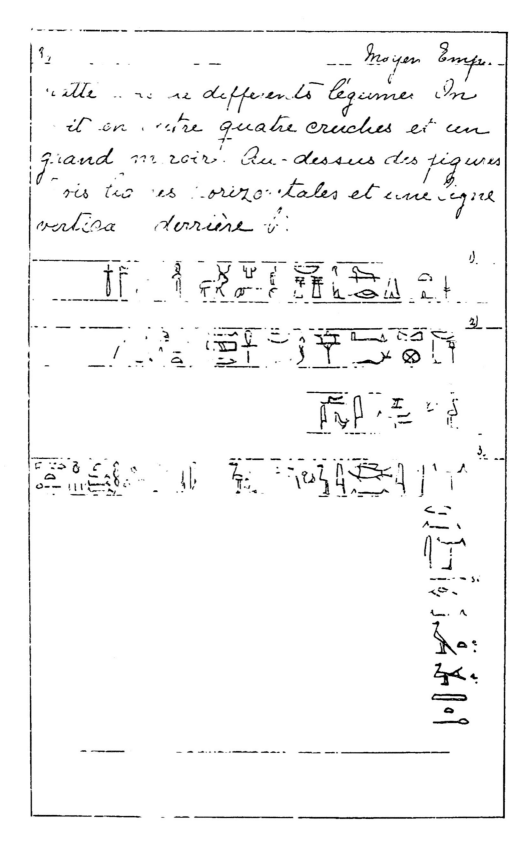

40   h. 0,32. l. 0,20.   Moyen Emp.

Petit fragment.   Calcaire.

Lit.: J. Lieblein, Katalog öfver Egyptiska
Fornlemningar i Nationalmuseum.
Stockholm 1874. Nr. 40, S. 30.
Les trois côtés de la pièce sont cassés. le
bord supérieur conservé. Au sommet le
disque ailé; seul le côté droit conservé.
Là-dessous des restes d'une inscrip-
tion:

---

37.   h. 0,92; l. 0,55.   Nouv. Emp.

Fragment (muraille) Calcaire.

Lit.: J. Lieblein, Katalog
öfver Egyptiska Fornlem-
ningar i Nationalmuseum.
Nr. 37, S. 29.

a.

Le fragment cassé en deux pièces. a. Homme
debout à g. Seul le corps conservé. Auprès de a.

28.

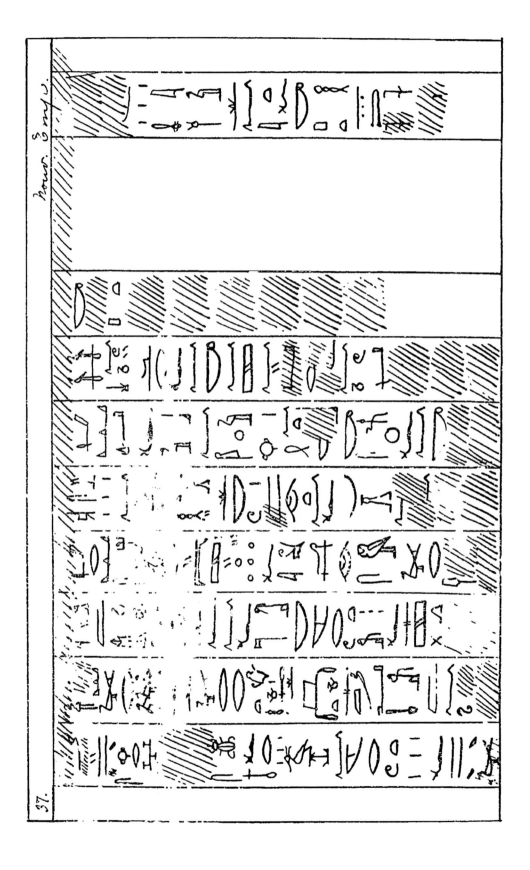

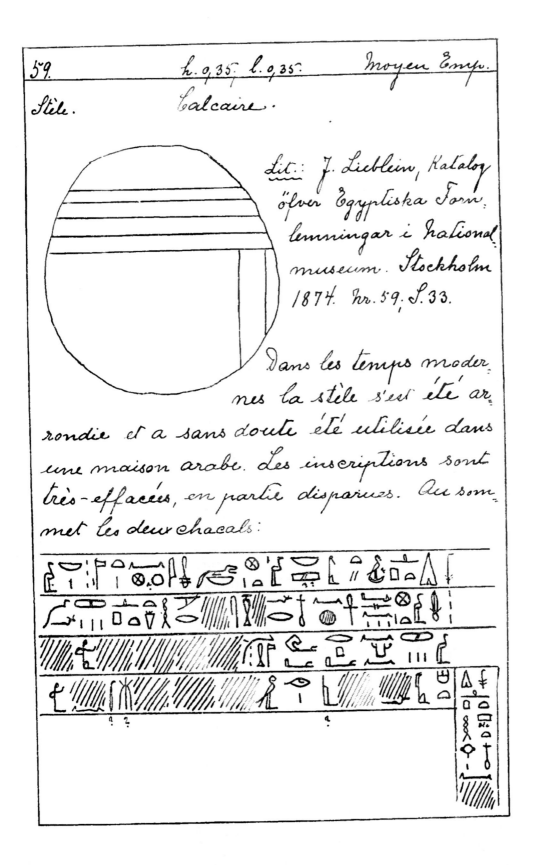

59. h. 0,35; l. 0,35. Moyen Emp.

Stèle. Calcaire.

Lit.: J. Lieblein, Katalog öfver Egyptiska Forn-lemningar i National-museum. Stockholm 1874. nr. 59, S. 33.

Dans les temps modernes la stèle s'est été arrondie et a sans doute été utilisée dans une maison arabe. Les inscriptions sont très-effacées, en partie disparues. Au sommet les deux chacals:

20 _ _ _ _ C. 932, C. 938. _ Nouvel Emp.

Table d'offrande. Calcaire. XVIII Dyn.

Lit: 1) J. Lieblein, Katalog öfver Egyptiska
Fornlemningar i Nationalmuseum.
Stockholm 1874. Nr. 20, S. 25.
2) J. Lieblein, Dictionnaire de noms hiéroglyphiques No 574, p. 191.

La table a la forme ⸺ habituelle. Au
milieu de la table une image, qu'on
a mutilée exprès. La table est encadrée
de deux inscriptions, l'une à gauche,
l'autre à droite. L'inscription à droite ⟵⟵

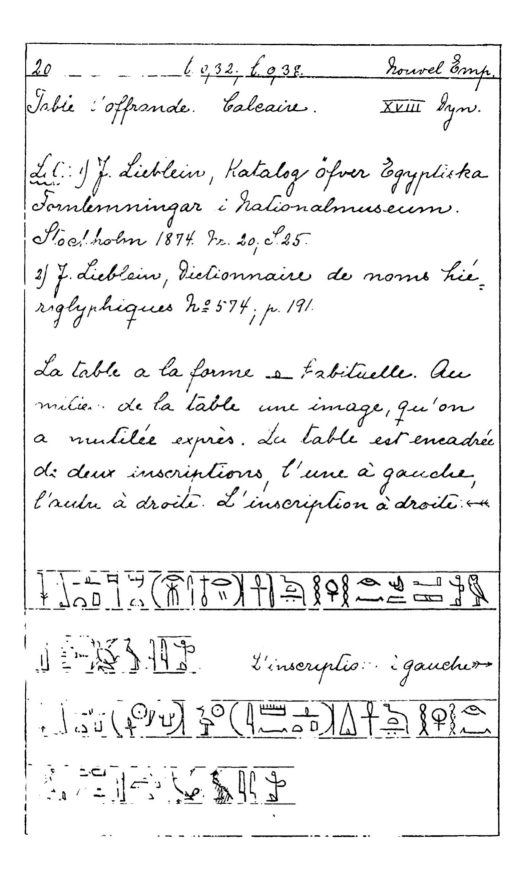

L'inscription à gauche ⟶⟶

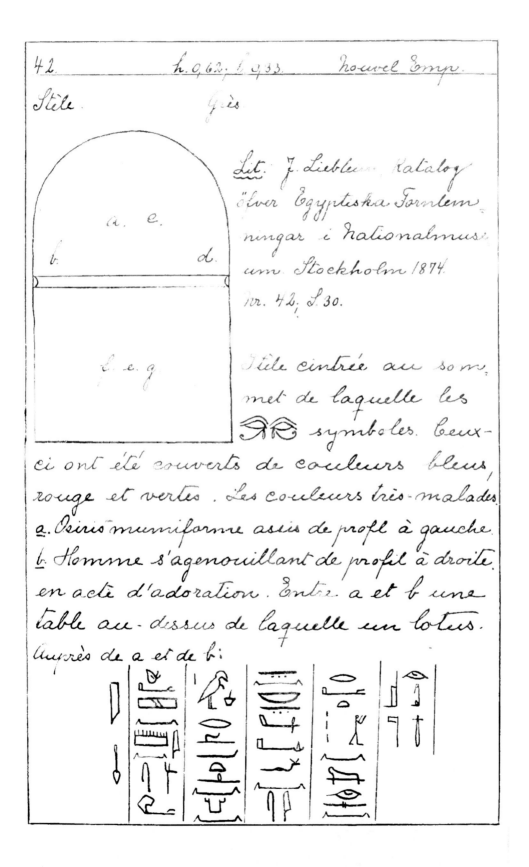

42.　　　　h. 0.62, l. 0,33　　　nouvel Emp.

Stèle.　　　　　　　Grès.

Lit. J. Lieblein, Katalog "öfver Egyptiska Fornlem-ningar i Nationalmus-um Stockholm 1874. nr. 42, S. 30.

Stèle cintrée au som-met de laquelle les symboles. Ceux-ci ont été couverts de couleurs bleus, rouge et vertes. Les couleurs très-malades.

a. Osiris mumiforme assis de profil à gauche.
b. Homme s'agenouillant de profil à droite. en acte d'adoration. Entre a et b une table au-dessus de laquelle un lotus. Auprès de a et de b:

c. Anubis assis de profil à droite. Les par=
ties nues de la figure rougeâtres. Devant
c un homme d correspondant à b
mais de profil à gauche. Au-dessous de c et d:

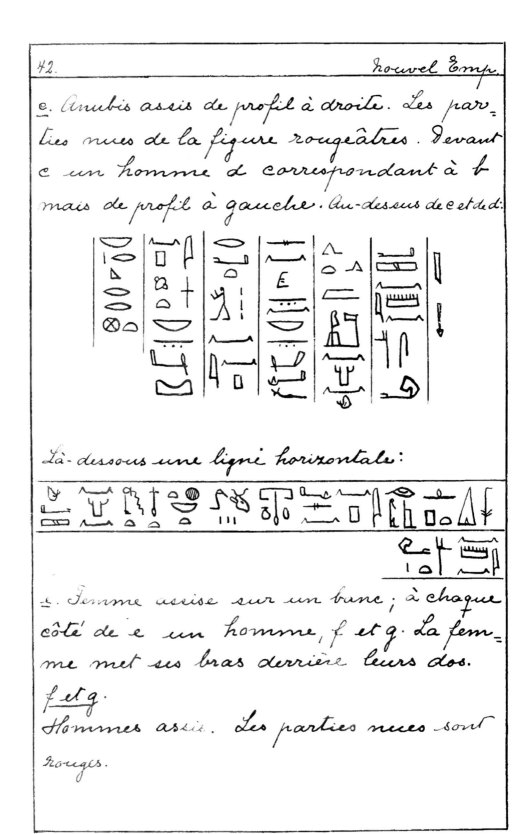

Là-dessous une ligne horizontale:

e. Femme assise sur un banc; à chaque
côté de e un homme, f et g. La fem=
me met ses bras derrière leurs dos.
f et g.
Hommes assis. Les parties nues sont
rouges.

| 42 | Nouv. Emp. | 21. | h. 0.28; l. 0.22. Nouv. Emp. |

Auprès de f.   Auprès de g.

Tête. Calcaire.

Lit.: J. Lieblein, Katalog öfver Egyptiska Fornlemnin̄gar i Nationalmuseum. Stockholm 1874. Nr. 21; S. 26.

Tête cintrée. Au sommet de laquelle le disque ailé. a. Le roi Thotmes III debout de profil à gauche. Les bras pliés; les mains ou-vertes portent deux vases. Jupes courte; une queue d'animal est attachée à la cein-ture. Sur le devant de la jupe pendent deux uraeus. Sur la tête le casque de guer-re orné d'un grand uraeus, l'attribut ha-bituel de la royauté.

a.

Deux longs rubans pendent du casque
dans le dos. Les parties nues de la figu=
re sont rougeâtres.

Au-dessus de a :   Devant a le   dieu
                                    Amon a été représen=
té assis sur un trône,
                                    de profil à droite. l'...
                                    a mutilé exprès   a
                                    figure, sans doute
                                    lors de la persécution
                                    du dieu A...n pendant

le règne de Khu-n-aten. On ne voit qu'
un peu du trône, la jambe arrière et la
main droite, dans l'quelle un | sceptre
au-dessus d'Amon une inscription assez
effacée :

Au coin gauche de la stè...
                        ... et été inscript..., qui
                        mal. ...isment à présent

est partiellement mutilée :

Table d'offrande.   Calcaire.

Lit.: J. Lieblein, Katalog öfver Egyptiska
Fornlemningar i Nationalmuseum.
Stockholm 1874. Nr. 30, S. 28

Table d'offrande de la ⟷ forme habituelle. L'image au milieu de la table
mutilée exprès. Encadrée de deux
inscriptions, l'une à droite, l'autre
à gauche.
L'inscription à droite : ⟵

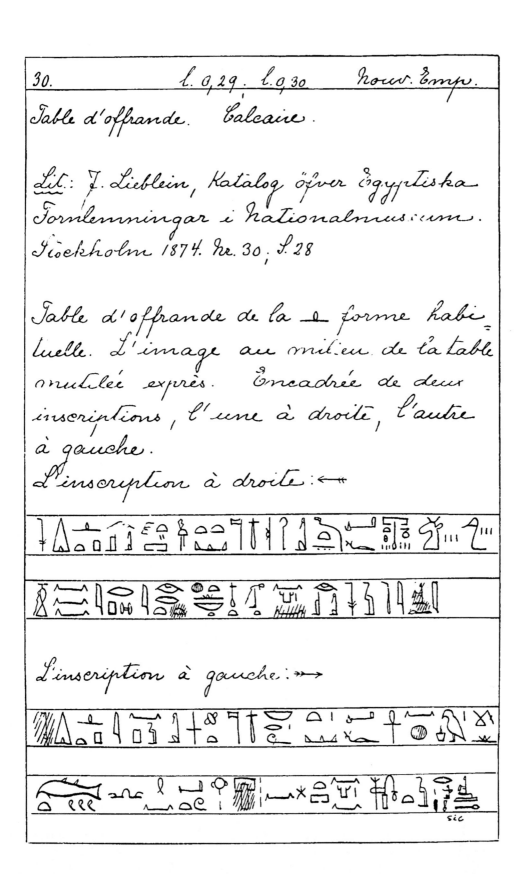

L'inscription à gauche : ⟶

sic

24.   h.0,75. l.0,85.   Nouv. Emp.

Stèle.   Calcaire.   XVIII Dyn.

d.   c.   a.   b.

Lit.: 1) J. Lieblein, Kata=
log öfver Egyptioka
Fornlemningar i
Nationalmuseum.
Stockholm 1874.
Nr. 24; S. 26.

2) J. Lieblein, Dictionnaire de noms hiéro=
glyphiques N° 590. p. 196.

Stèle cintré au sommet de laquelle le
disque ailé avec les deux uræus. Entre
ceux-ci le nom de roi Thotmes IV:

a. [...] axis de profil à droite.
[...] dieu [...] uniforme, porte [...]
[...] de couronne habit[...]
[...] la [...] que barbe tressée.
[...] les trois symboles
[...]

[...] inscription

suivante :

b. Homme debout de profil à gauche. Grande perruque bouclée ; des jupes flottantes. Il tient dans les mains trois lotus, qu'il présente à a. Au-dessus de la fig.:

c. Anubis assis de profil à gauche. Dans la main gauche un sceptre ; dans la main droite un ♀ signe. Au-dessus de c :

d. Homme comme b mais de profil à droite. Au-dessus de d :

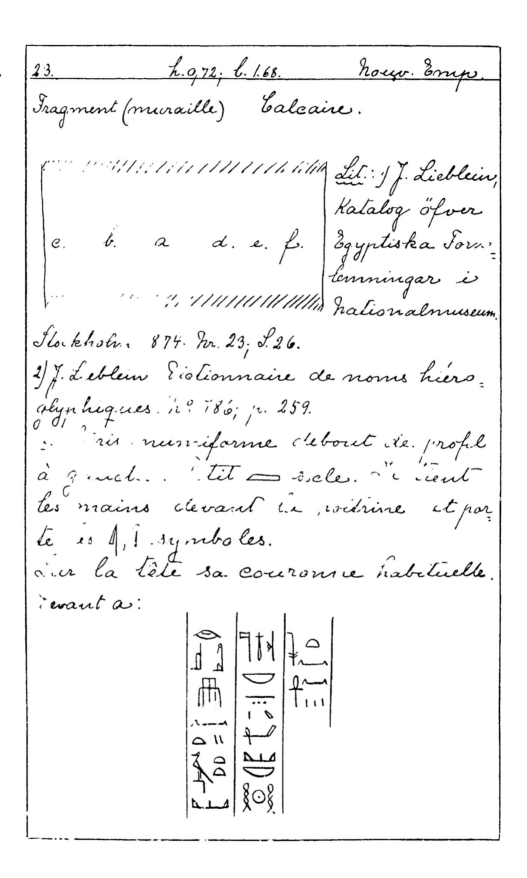

Fragment (muraille)   Calcaire.

c.   b.   a.   d.   e.   f.

Lit.: 1) J. Lieblein, Katalog öfver Egyptiska Fornlemningar i nationalmuseum. Stockholm. 874. Nr. 23; S. 26.

2) J. Lieblein Dictionnaire de noms hiéroglyphiques. n° 186; p. 259.

∴ Isis numiforme debout de profil à gauch... ... tit ▭ ocle. ... tient les mains devant la vitrine et porte les ... symboles.

Sur la tête sa couronne habituelle.

Devant a:

b. Homme debout de profil à droite en
acte d'adoration. Rasé. Jupes flottantes. Sur la tête et les mains des
restes de couleur rouge et verte. Entre
a et b une table avec deux pains et
un vase ; au-dessous de la table
deux grands vases. Au-dessus de la
table une natte avec diverses choses.
En outre un bouquet de lotus.
c. Femme debout de profil à droite.
Les bras levés ; la main gauche ouverte ; dans la main droite un sistre
Habits longs et flottants. Grande perruque sur laquelle le cône et un lotus.
Au-dessus de b et de c :

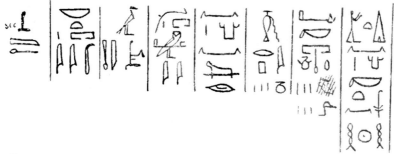

d. Anubis debout de profil à droite, représenté comme d'habitude. Dans la main g. un sceptre.

dans la main droite un † signe. Il
est court vêtu d'un sarrau étroit qui
découvre le haut du buste et tient en
place au moyen de deux bretelles. Au-des-
... de cet habit une jupe courte, une
queue d'animal est attachée à la
ceinture. Au-dessus de d:

Entre z et b
une lig. re. ertic le:

... ... nne et femme debout de
profil a gauche. Comme b + c. Il
... it cep endant noter les perru...
... es qui sont rayées. L'habit de
... est orné d'un rang de franges.
... tre d et e une image comme
... tre a et b. Au-dessus de e + f:

Frag   nt muraille). brézzine.

	2 l. ; Liebiein, re
c	lato öfver ... liska
; .. f .. .. c. b.	Fornlemninozr i
	inten nalmuseum.

Stockho m 1874 nr. 38, N° 29.

... gr ent au relief d'un to v . au
a Le maître du tombeau debout de
prolil i gauche. Seuls les pieds, que
p ... les sandales, un, eu des y pes
... et et un eu des ambes . es ...
... de a les restes d'une inscription:

a.

Au re ... inférieur une procession portant
des off ... ndes   To tes les figures sont

très-bien exécutées.

b-h. Hommes debout de profil à gauche, portant les offrandes. Les hommes (peut-être des prêtres) sont tous rasés et portent des jupes flottantes.

a porte dans la main gauche un oiseau vivant, qu'il tient par les ailes. Dans la main droite peut-être deux oiseaux vivants, attachés par une corde.

b a dans la main gauche un lotus; dans la main droite deux sacs.

c avance portant une natte avec des victuailles; de longs lotus pendent de la natte.

d traîne une antilope; sur son bras droit il porte un petit chevreau.

e tient dans la main gauche un grand vase; dans la main droite deux sacs liés par une corde.

f. La figure est mutilée; on voit dans la main droite un grand lotus.

g trainant un agneau.

43.

41.　　　　h. 0,52. l. 0,29.　　　Nouv. Emp.

Fragment.　　　Calcaire.

c. a. b.　　Lit: J. Lieblein, Katalog öfver
　　　　　Egyptiska Fornlemningar i
d. e.　　Nationalmuseum. Stockholm
f.　　　1874. Nr. 41; S. 30.

a. Fragment d'un homme debout de
profil à gauche. Seuls les pieds et la
partie inférieure des jupes flottantes
sont conservés.
b. Fragment d'une femme debout de
profil à gauche. Seuls les pieds et un
peu du sarrau restent.
c. Dieu debout de profil à droite sur
un ▭ piédestal. Seuls les pieds du dieu
(Osiris?) conservés. Entre c et a un petit
reste d'une table d'offrande.
d + e Homme et femme assis de
profil à gauche. Grand escabeau.
d, l'homme, porte l'habit usuel du
nouvel empire. Aux pieds des

.... de ... à .... grande ....
.... main droite en acte d'adoration,
dans .. ..che un petit sceptre.
2, la femme, serre de la m... ..gauche
le bras gauche de d. Son ... .
.. ... ile, .s être executé .. ...
et ... . .que avec le côné .. ..
.. .. .. d'un homme debout de profil
à droite. ... .. voit ... l'un des
.... , un peu de l'habit et les
... ... tient dans la main
droite un vase, ... il verse
une libation. Sur la main . gau.
che il porte une natte avec ....
différentes victuailles.
.. .. des figures les restes d'une
ins .. ..

Stèle.   Calcaire.

Lit.: J. Lieblein, Katalog
öfver Egyptiska Fornlemnin
gar i Nationalmuseum.
Stockholm 1874; Nr. 2.8. S 28.

Stèle cintrée.

a. Horus assis de profil à droite. Il est représenté en homme; la tête est celle d'un faucon. Grande perruque. Dans la main gauche un ? sceptre; dans la droite un ꜋ signe. Derrière le dieu un symbole: La couronne du dieu effacée.

Au-dessus du dieu:

b. Homme debout à g. Jupes flottantes. Les bras sont levés; dans la main dr. un brasié. Entre a et b table sur laquelle un vase.

Au-dessus de b:

c - e. Hommes debout à g.
Seuls les bustes conservés.
d en acte d'adoration;
c et e portant des brasiers.

Au-dessus de c - e:

Stèle (fragment).　　　Calcaire.

Lit.: J. Lieblein, Katalog oser
Egyptiska Fornlemningar i
Nationalmuseum. Nr. 35; S. 29.
a + b Homme et femme assis
devant une table avec des
victuailles.

Auprès de a:　　　Auprès de b: c Garçon. Son nom:

55.　　　　h. 0,62; l. 0 91.　　　nouv. Emp.

Fragment.　　Calcaire.

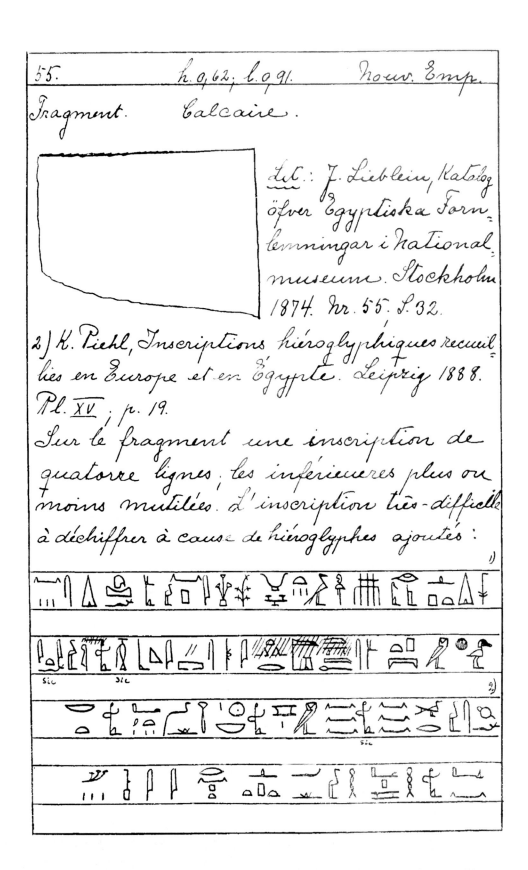

Lit.: J. Lieblein, Katolog
öfver Egyptiska Forn=
lemningar i National=
museum. Stockholm
1874. Nr. 55. S. 32.

2) K. Piehl, Inscriptions hiéroglyphiques recueil=
lies en Europe et en Égypte. Leipzig 1888.
Pl. XV; p. 19.

Sur le fragment une inscription de
quatorze lignes; les inférieures plus ou
moins mutilées. L'inscription très-difficile
à déchiffrer à cause de hiéroglyphes ajoutés:

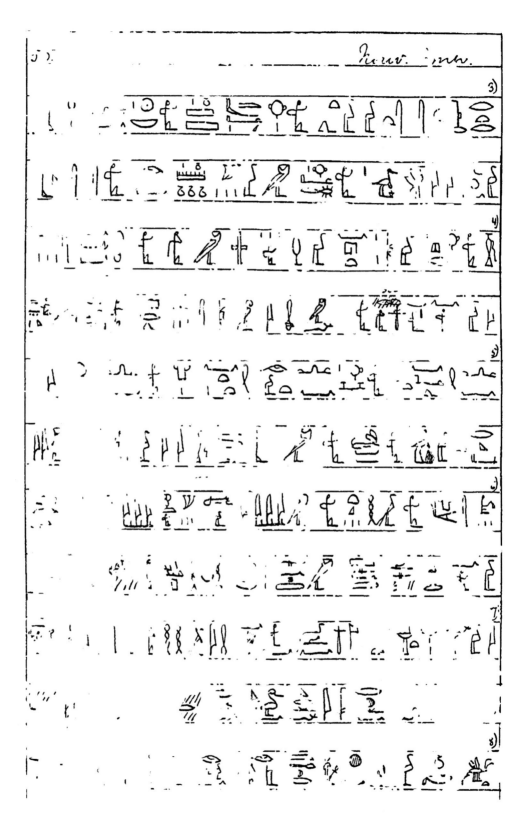

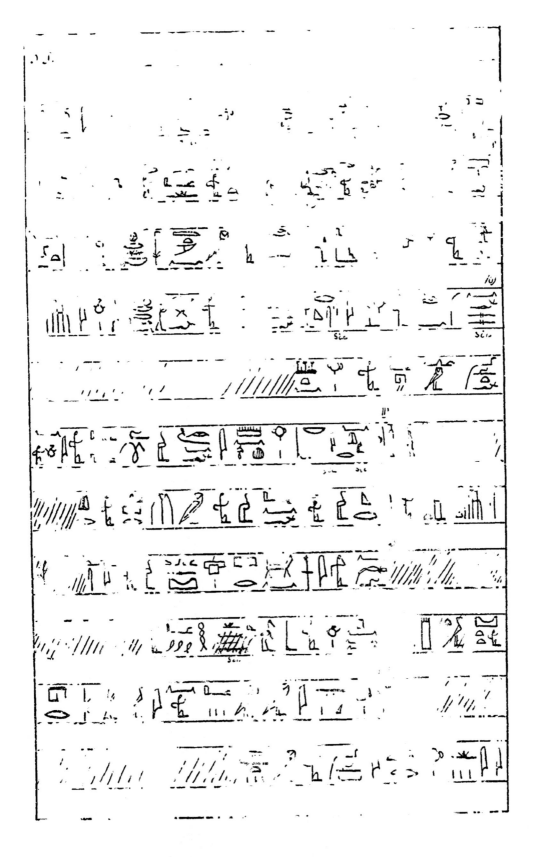

_ Rec: ⅔ n.gr. _

4)

...

... ... à Lieu ... catalog
... ... ägyptiska Form...
... ... ungar i National-
... ... um. Stock ... m
16, S. 27.

... ... les côtés de la pièce
... le colonn... ... ... emba... ... et un
... ... et de ... ... un ... ...
... ... tout en ha... et les restes d'... ... scène
probablemen... ... ... dieux. Une table d'of=
frandes semble pincée entre deux des
figures.
<u>a</u>+<u>b</u>. Homme et femme assis à gauche.
Ils portent des habit: longs d'une façon...

assez rare, qui fait qu'ils semblent très gras.

a. semble avoir deux colliers, dans la main gauche une pièce) d'étoffe. Longue perruque rayée, barbe petite. b. assis tenant un lotus. Longue perruque rayée.

c. Homme debout de profil à droite. Les bras levés ; sur la main gauche un brasier ; la main droite en acte d'adoration. La plus grande partie du dos de la figure manque. On lit entre a + b et c :

d. Reste d'un personnage debout de profil à gauche. On ne voit qu'un bras et une main en acte d'adoration.

27.   hora ?

g. une f. du ... en ... te en acte x o t 1 ...

Auprès de f :

        c. Isis debout de prof . . . . T
        Dans la main gauch ...
        le bras droit et la ... ...
        d'adoration. Au d... ...

la déesse

        2. Homme agen... 2...
        ...gauch. faisant act...
        q ... ... Gra ...
        ... ...

e+f. Homme et femme assis de prof. à droit
Jupes fl... ... e' de longues ... sur
lesquelles ... ... Dans les mains gau...
un ... ... une table avec
de victuailles.

Au-dessus de e ...   Au dessus de f :

2 ... debout de, profil à gauche.

7 ... flottantes; grande perruque avec

6. cône. Dans la main droite un ⟨vase⟩ vase

d'... ; de la main gauche elle verse

... le lot... d'un autre ⟨vase⟩ vase.

Au... de g :

    h - k.. Femmes debout
de profil à gauche portant
l'habit habituel.

h ... sur sa main gauche une cor-
beill ... des ⟨pains⟩ pains; dans la main
droite un lotus. i + k ont le bras gauche
... acte d'adoration; dans la main
droite i ... un oiseau vivant, k un sac.
Auprès de h :   Auprès de i :   Auprès de k :

l - n. Femmes debout de profil à gauche.
... :   Auprès de m :   Auprès de n :

o-s. Personnages assis par terre de profil à droite, tous avec un lotus dans la main g. o+p des hommes; q+r des femmes, s un homme.

Auprès de o: Auprès de p: Auprès de q:

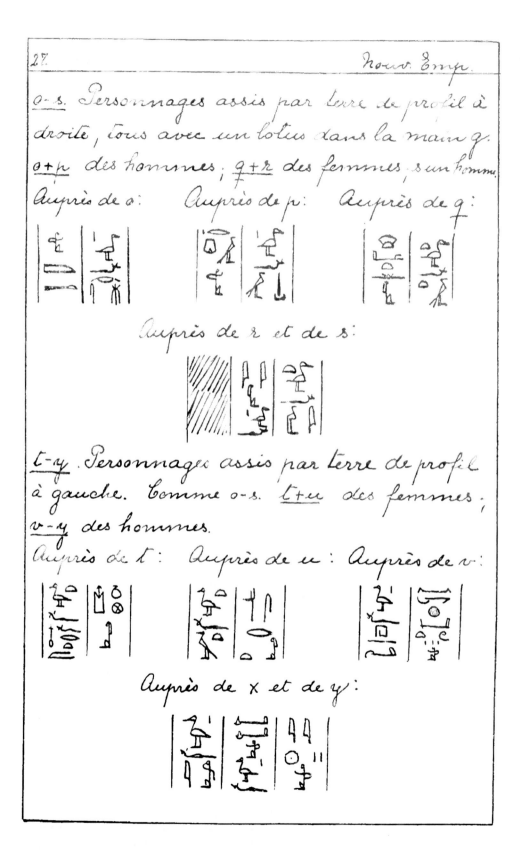

Auprès de r et de s:

t-y. Personnages assis par terre de profil à gauche. Comme o-s. t+u des femmes; v-y des hommes.

Auprès de t: Auprès de u: Auprès de v:

Auprès de x et de y:

Auprès de a' :   Auprès de b :

Auprès de c' :   Auprès de d :

Auprès de e' et de f' :

52.

Stèle.

Emblem, Katalog
öfver Egyptiska Fornlem-
ningar i Nationalmu-
seum Stockholm 1874.
d. c. b. a.   n. 52 S. 31.

... entrée ... laquelle
h g. f. e.   ... côté gauche reste.
... Osiris momiforme,
de profil droite. Sur la tête sa grande
couronne, dans les mains les symboles.
(au-dessus et devant:

b. Isis debout à droite portant l'habit
usuel. Au-dessus de b:

c. Horus debout de profil à droite. Sur
sa tête la double couronne. Dans la
main gauche un ⌐ sceptre ; le bras gauche prend le bas du corps. Auprès de c:
d. Hathor sous la forme d'une vache.

Auprès de d:

e-h, personnages assis de profil
à droite.

e, homme, portant des jupes
flottantes. Dans la main droite un
petit sceptre. Il étend sa main gauche vers une table avec de nombreuses
victuailles, qui est placée devant lui.
Auprès de e:

f. Femme. Habit et perruque habituels.
Cône et lotus. Auprès de f:

g. Femme comme f. Auprès de g:

h. Femme comme g. Auprès de h:

i. Homme debout de profil à gauche ver=
sant une libation devant e. Dans la
main gauche un bouquet de lotus.
Il porte sur son habit une peau
de panthère. Au dessus de i:

k. Homme debout de profil à droite.
Son habit correspond à celui de
i; aussi l'attitude; il a sans doute
lui aussi versé une libation.

_____

détaire.

... l'ob... katalog
.... er Egyptiska Samler-
ingar i Naturalmu-
seum. Stockholm 1874.
h. 10. 8°;

.... à de... r...ties
a. Ra ... à profil à gauche.
... ... la main droi-
te ... f... ... à ... la main gauche
... l'signe ....té le disque
... soleil ... ... lieu-des-
sus de a.

... un Ra assis de pro-
fil à droite. Des symbole
... ... auprès de a.
... le couronne; longue
barbe; le dieu semble
avec ... ... oreilles de bélier.
Le dieu porte un assez long habit.
Autour du co... un grand collier.

Auprès de b:

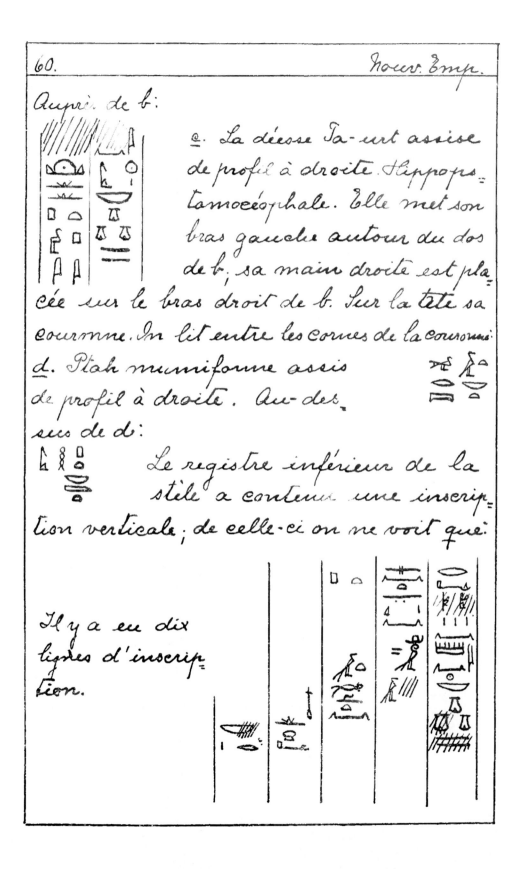

c. La déesse Ta-urt assise de profil à droite. Hippopotamocéophale. Elle met son bras gauche autour du dos de b; sa main droite est placée sur le bras droit de b. Sur la tête sa couronne. On lit entre les cornes de la couronne

d. Ptah mumiforme assis de profil à droite. Au-dessus de d:

Le registre inférieur de la stèle a contenu une inscription verticale; de celle-ci on ne voit que:

Il y a eu dix lignes d'inscription.

22.   h. 0,29; l. 0,18   nouv. Emp.

Stèle   Calcaire.

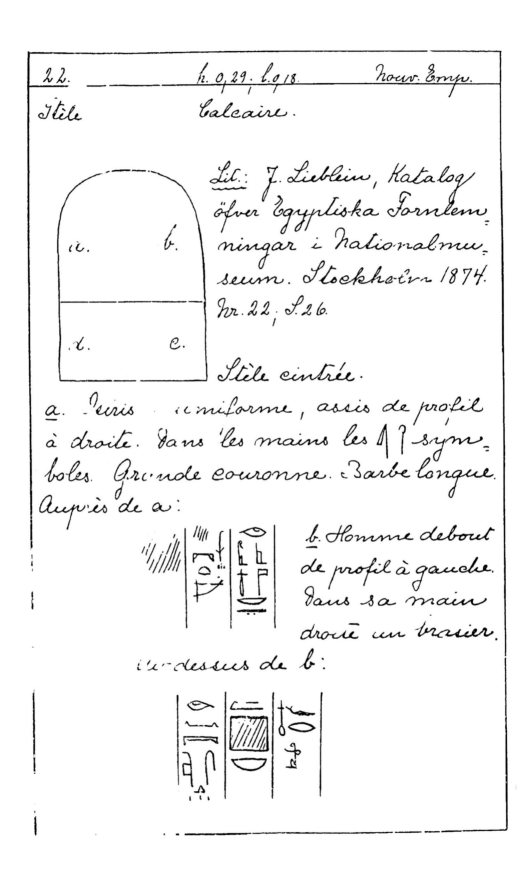

Lit.: J. Lieblein, Katalog öfver Egyptiska Fornlem=ningar i Nationalmu=seum. Stockholm 1874. Nr. 22; S. 26.

Stèle cintrée.

a. Osiris   uniforme, assis de profil à droite. Dans les mains les ⌇⌇ sym=boles. Grande couronne. Barbe longue. Auprès de a:

b. Homme debout de profil à gauche. Dans sa main droite un brasier.

au-dessus de b:

Entre a et b une table avec de nom=
breuses victuailles.

c. Femme à genoux de profil à
gauche. Habit et perruque habituels.
Cône et lotus. Elle lève ses bras, les
mains sont ouvertes. Au-dessus de c:

d. Arbre au-dessus
duquel un grand ⌒ signe. La dé=
esse Hathor assise dans l'arbre. Elle
tend de sa main gauche une nat=
te portant des victuailles vers c, tandis
qu'elle tient dans la main droite
un vase duquel elle verse une
libation; c recueille l'eau dans le
creux de la main.
Entre d et c deux oiseaux d'âmes,
devant ceux-ci deux vases.
Au-dessus des oiseaux une in=
scription illisible:

5   h. 0,75; l. 0,42   Nouv. Emp.

Fragment   Calcaire.

Lit.: J. Lieblein, Kata-
log über Egyptiske
Fornlemningar i
Nationalm... ...um
Stockholm ... n. 54, p. 32.

...sur le ... et il reste
d'une inscription:

---

h. 0,90 v. 0,63   Nouv. Emp.

Calcaire

... ... 26
... ...
...bibliques ... 132 ...
3) ... Piehl, Petites textes Égyp. 1881.

...tré..., mais ...
... ...
... ...
...

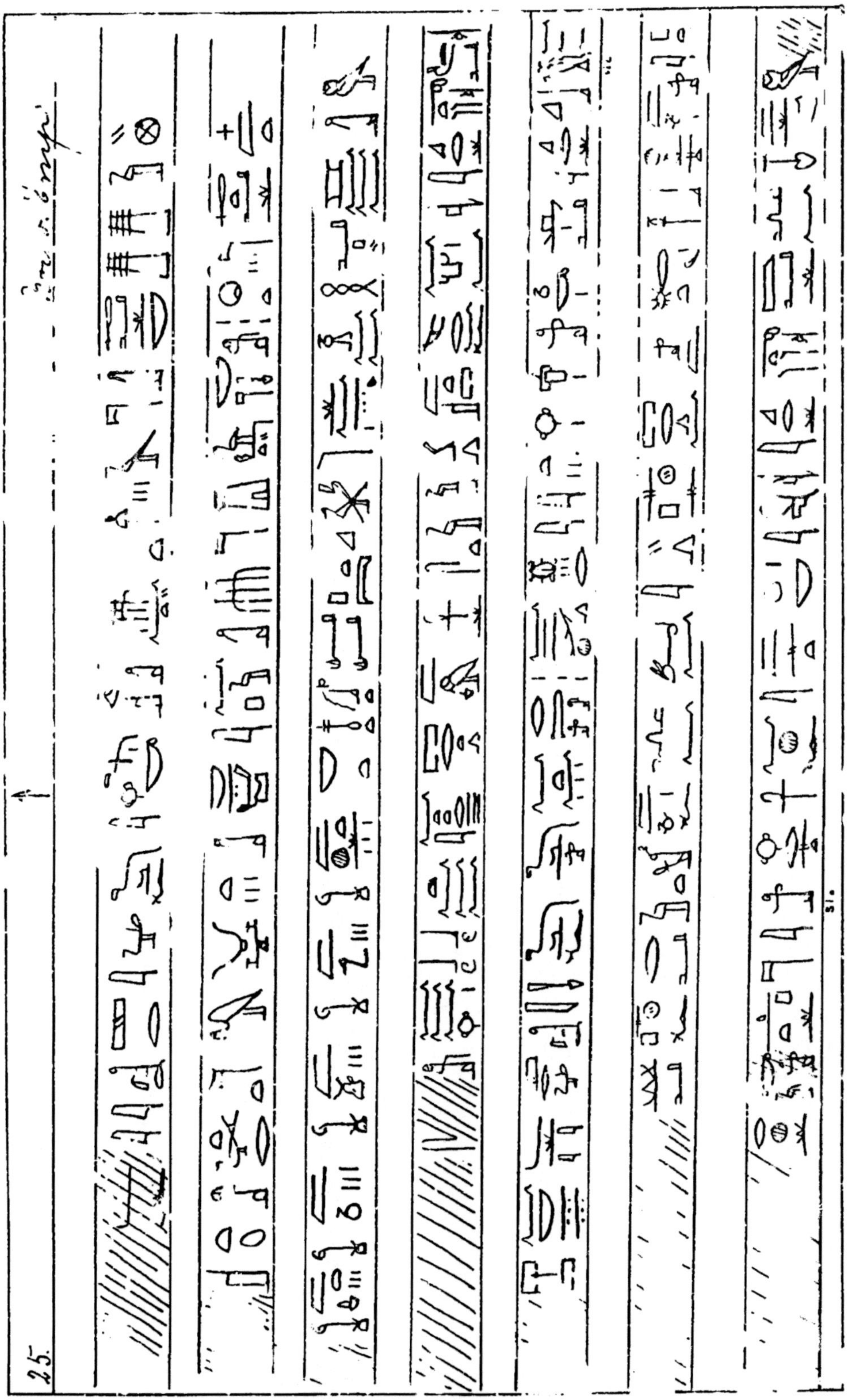

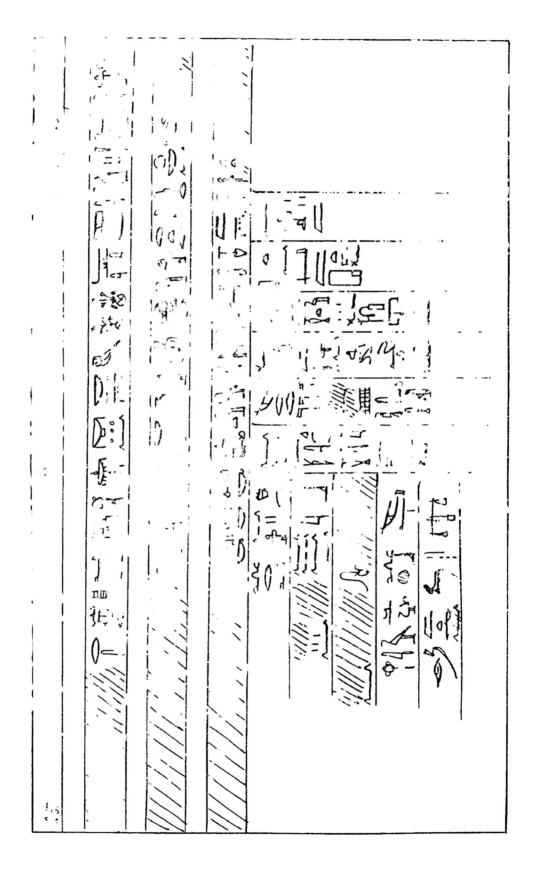

°'ile   Cale _ui   XX Dyn
                                                         ↓

'. _ut. J. Liebieur, Kataloy
_ıver ögyptis 'a Forn'-
ı_ nr _ıgar i national-
nuseum. ᵒ"ockholm
374. hr. 5⁷, ~ i3.

        a. |

            'Stèle carrée, le côté
            — gauche supérieur cas₌
1. _ Amon debout de profil. à gauche.
    _ _ 'abit est rouge.. Grande cexuronne
    _   is ailes. Dans la main droite
    _   } sceptre. barbe longue. Au-dessus
_   _:

        b. Homme à genoux en acte d'a₌
    doration. Au-dessus de b:
    ᵌntre a et b:

de profil à gauche

avec

une

Lotus.

... en ... inscription de que ...

frag ...

L.C. J. Lieblein, Kata-
log ... Egyptiska
För...ningar i Natio-
nal...museum Stockholm.
1874. no. 56; S. 33.

Sur le fragment on ...
le reste suivant d'une
inscription:

h. 72 l. q. 45.   masse §.09.

: Caire.

Lit.: J. Lieblein, Katalog
öfver Egyptiska Fornt.
lemningar i National
museum i Stockholm.
1874. Nr. 62; S. 53

... entrée au som-
met du ciel le disque
... dessus les sy ...
... unième ... out de profil
rite. dans les mains les 𝖎𝖎𝖎-symbo-

... ea:

b. Horus debout de profil à
droite. Hiéracéophale. Sur la
tête la double couronne. Dans
la main gauche un
sceptre; dans la
droite un ✝ signe.
Au-dessus de b.

c. Isis debout de profil à droite. Sym_
boles comme auprès de b. Habit de lin com_
me habituel comme aussi la perruque.
Sur celle-ci les cornes et le disque. Au-dessus
de c :   d. Homme en acte d'adoration,
         debout de profil à gauche...
         Jupes flottantes. Au-dessus
         de la figure :

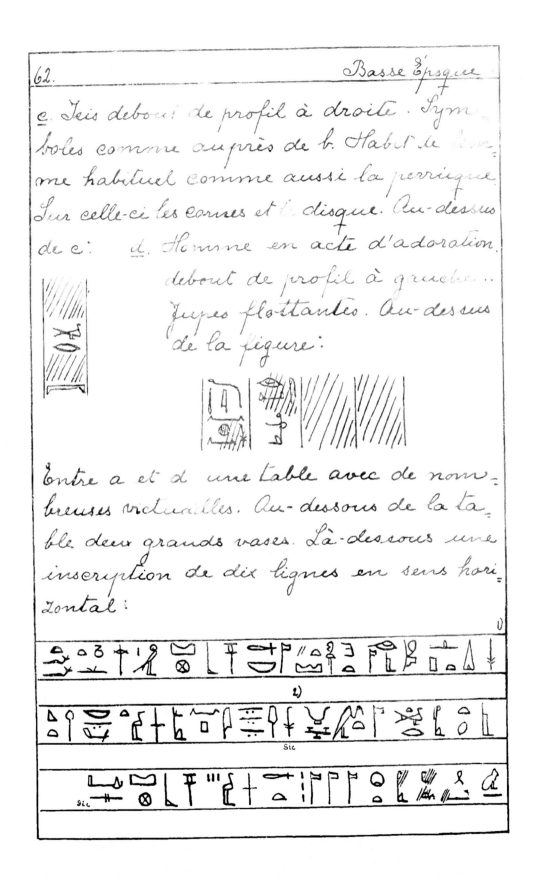

Entre a et d une table avec de nom_
breuses victuailles. Au-dessous de la ta_
ble deux grands vases. Là-dessous une
inscription de dix lignes en sens hori_
zontal :

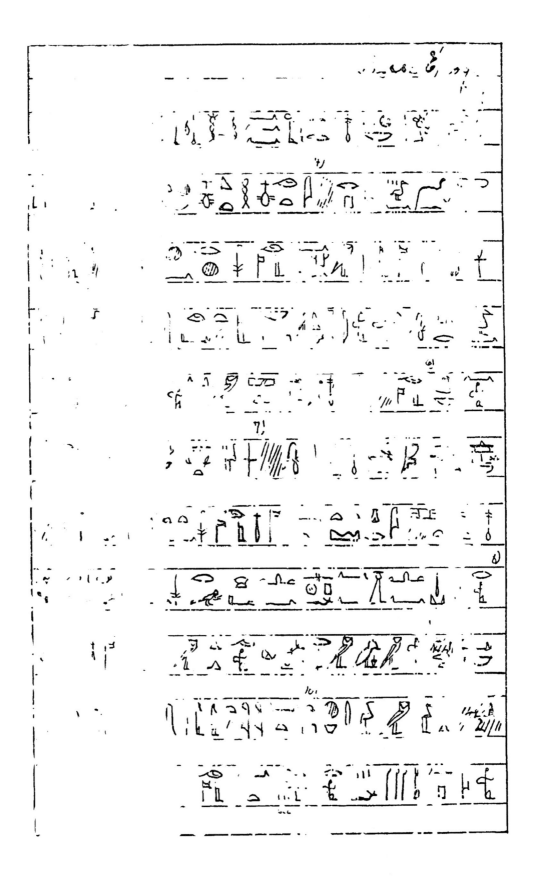

Table d'offrande.　Grès.

Table d'offrande sur laquelle l'in=
scription suivante :

Noms de divinités

Noms	Inv.	Page
𓀀𓏏𓏤	21.	3.
𓀀𓏏𓏤	60.	61.
𓀀𓏏𓏤	57.	67.
𓀀𓏏𓏤	62.	72.
𓀀𓏏𓏤	62.	71.
𓀀𓏏𓏤	42.	32.
𓀀𓏏𓏤	30.	35.
𓀀𓏏𓏤	23.	40.
𓀀𓏏𓏤	25.	65.
𓀀𓏏𓏤	31.	21.
𓀀𓏏𓏤	23.	40.
𓀀𓏏𓏤		
𓀀𓏏𓏤	23.	40.

Noms de divinités.

Noms	Inv.	Page.
𓏲𓊪𓏲	16.	11.
𓏲𓊪𓏲	24.	37.
𓏲𓏲	18.	13.
𓏲𓏲𓏲𓏲	14.	5.
𓏲𓏲𓏲𓏲	34.	23.
𓏲𓏲𓏲𓏲	25.	65.
𓏲𓏲𓏲𓏲𓏲 sic	24.	37.
𓏲𓏲𓏲 sic	62.	71.
𓏲𓏲	15.	7.
𓏲𓏲	16.	11.
𓏲𓏲𓏲	62.	72.
𓏲𓏲	24.	37.
𓏲𓏲𓏲	18.	13.

Noms de divinités.

Noms.	Inv.	Page.
𓉐𓂝𓂋𓏏	31.	21.
𓉐𓂝𓏏𓊵𓏏𓏤	52.	57.
𓉐𓂋𓏥𓊵𓏏𓎟𓏏𓊖	29.	19.
𓉐𓂝𓏥𓊵𓏏𓎟𓏏𓊖	19.	17.
𓁷𓏤𓏥𓇋𓃀𓂝𓏏𓎟𓊖	39.	26.
𓊽𓂝𓏏	17.	9.
𓊽𓂝𓏏	42.	31.
𓉐𓏏𓈖𓇳𓁨	58.	68.
𓉐𓏏𓈖𓏥𓏇𓀭	22.	62.
𓊽𓂝𓏏𓏥𓀭	15.	7.
𓁷𓏤𓏥𓃀𓂋𓏏𓏏	23.	40.
𓏥𓏥𓏥𓈖𓂝𓃀𓂋𓏏𓊖	34.	22.
𓊽𓂝𓏥𓃀𓂋𓏏𓊖	14.	2.

Noms de divinités.

Noms.	Inv.	Page.
[hieroglyphs]	58.	69.
[hieroglyphs]	15.	6.
[hieroglyphs]	62.	71.
[hieroglyphs]	62.	70.
[hieroglyphs]		
[hieroglyphs]	23.	38.
[hieroglyphs]	24.	37.
[hieroglyphs]	25.	65.
[hieroglyphs]	30.	35.
[hieroglyphs]	25.	65.
[hieroglyphs]	62.	71.
[hieroglyphs]	52.	57.
[hieroglyphs]	27.	53.

Noms de divinités.

Noms.

99.

102.

Noms propres.

Noms.	Genre		Inv.	Page
𓀀𓏏𓊹 [hiéroglyphes]	M.		28.	46.
[hiéroglyphes]	M.		41.	44.
[hiéroglyphes]	M.		27.	54.
[hiéroglyphes]	M.		44.	
[hiéroglyphes]	M.		54.	64.
[hiéroglyphes]	F.		29.	19.
[hiéroglyphes]	M.		58.	69.
[hiéroglyphes]	M.	voir : [hiéroglyphes]	17.	9.
[hiéroglyphes]	M.		17.	9.
[hiéroglyphes]	M.		23.	39.
[hiéroglyphes]	F.		27.	56.
[hiéroglyphes]	M.		17.	9.
[hiéroglyphes]	M.		17.	9.

Noms propres.

Noms.	Gen		Inv.	Page
𓄿	F.		18.	15.
𓄿	M.		18.	15.
𓄿	F.		18.	14.
𓄿	F.		34.	23.
𓄿	M.		27.	55.
𓄿	M.		14.	5.
𓄿	M.		18.	15.
𓄿	M.		27.	55.
𓄿	F.		14.	4.
𓄿	F.		16.	12.
𓄿	M.		27.	55.
𓄿	F.		27.	54.
𓄿	M.		16.	12.

Noms.	Cas.		Inv.	Page
			52.	53.
			18.	15.
			39.	66
			14.	4
			16.	2.
			16.	2.
			52.	53.
			17.	4.
			18.	15.
			27.	56
			16.	6
			42.	3.
			18.	15

Noms.	Gen.		nbr	?
[hieroglyphs]	m.		39.	26.
[hieroglyphs]	F.		29.	17.
[hieroglyphs]	m.		39.	28.
[hieroglyphs]	m.		16.	2.
[hieroglyphs]	m.		17.	9.
[hieroglyphs]	F.		17.	9.
[hieroglyphs]	m.		15.	15.
[hieroglyphs]	m.		18.	15.
[hieroglyphs]	F.		27.	54.
[hieroglyphs]	m.		31.	21.
[hieroglyphs]	m.	Var.: [hieroglyphs]	42.	31.
[hieroglyphs]	m.		16.	12.
[hieroglyphs]	m.		14.	4.

Noms de rois et de reines

Noms propres.

Noms.	Gen.		Inv.	Page.
	F.		18.	14.
	F.		19.	17.
	M.		28.	46.
	F.		27.	56.
	F.		18.	14.
	M.		22.	62.
	M.		35.	46.
	F.		18.	15.
	M.		29.	19.
	F.		15.	8
	F.		16.	12.
	F.		17.	9.
	F.		52.	59.

		Inv	Prge
		8	
		42	33.
		2:	5.
	m.	2?	
		2	1.
		2	
	9	?3	6
		?	7
		34	
		34	

Noms propres.

Noms.	Gen	Inv.	Page.
🦅	M.	18.	5.
🦅	F.	14.	2.
🦅	F.	16.	11.
	M.	25.	65.
	M.	18.	15.
	F.	16.	11.
	F.	16.	12.
	F.	35.	46.
	F.	27.	54.
	M.	43.	73.
	F.	18.	15.
	F.	34.	24
	F.	34.	24.

Noms propres.

Noms.	Gen.	Inv	Page
[hieroglyphs]	m.	18.	14.
[hieroglyphs] sic	m.	62.	72.
[hieroglyphs]	m.	17.	9.
[hieroglyphs]	m.	17.	9.
[hieroglyphs]	m.	17.	9.
[hieroglyphs]	m.	17.	9.
[hieroglyphs]	m.	15.	15.
[hieroglyphs]	f.	17.	9.
[hieroglyphs]	f.	11.	2.
[hieroglyphs]	f.	62.	72.
[hieroglyphs]	f.	14.	4.
[hieroglyphs]	f.	16.	12.
[hieroglyphs]	f.	17.	17.

Noms propres.

Noms.	Gen.		Inv.	Page.
	M.		30.	35.
	M.		18.	15.
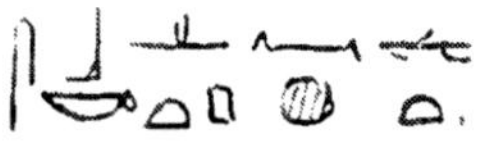	M.		19.	17.
	M.		17.	9.
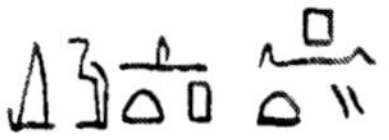	M.		17.	9.
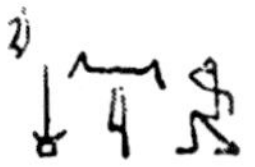	M.		18.	15.
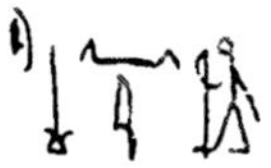	M.		18.	15.
	F.		16.	12.
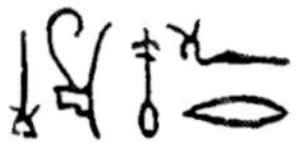	M.		27.	53.
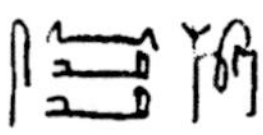	F.		29.	19.
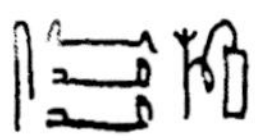	M.		29.	19.
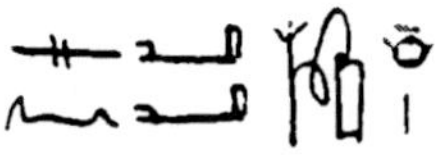	M.		29.	19.
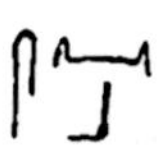	M.		17.	9.

Noms propres.

Noms	Gen		Inv.	Page
[hiéroglyphes]	M.		17.	9.
[hiéroglyphes] *sic*	M.		14.	2.
[hiéroglyphes]	M.		17.	9.
[hiéroglyphes]	M.		18.	15.
[hiéroglyphes]	F.		18	14.
[hiéroglyphes]	F.		17.	9.
[hiéroglyphes]	F.		18.	15.
[hiéroglyphes]	F.		17.	9.
[hiéroglyphes]	M.		28.	46.
[hiéroglyphes] *sic*	M.		27.	56.
[hiéroglyphes]	M.		14.	5.
[hiéroglyphes]	F.		58.	69.
[hiéroglyphes]	F.		27.	56.

Noms propres.

Noms.	Gen.		Inv.	Page
𓁐 𓏏	F.		39.	26.
𓀀𓏏𓏤	F.		27.	54.
𓀀𓏏𓏤	F.		27.	56.
𓀀𓏏𓏤	F.		17.	9.
𓀀𓏏𓏤	F.		27.	55.
𓁐𓏏	F.		52.	59.
𓏤𓏏𓏏	F.		23.	39.
𓏤𓏏𓏏	F.		22.	63.
𓏤𓏏𓏤	F.		18.	15.
𓏤𓏏𓏤	M.		18.	13.
𓏤𓏏𓏤	F.		34.	24.
𓊪𓏏	M.		27.	56.
𓏤𓏏𓏤	F.		27.	56.

noms propres.

noms.	Gen.		Inv.	Page.
𓏏𓂋𓃀𓈖𓂋𓐍 [hieroglyphs]	F.		41.	44.
[hieroglyphs]	M.		20.	30.
[hieroglyphs]	M.		24.	37.
[hieroglyphs]	F.	var: [hieroglyphs]	58.	69.
[hieroglyphs]	M.		34.	22.
[hieroglyphs]	F.		16.	11.
[hieroglyphs]	F.		16.	11.
[hieroglyphs]	M.		18.	14.
[hieroglyphs]	F.		16.	12.
[hieroglyphs]	F.		16.	12.
[hieroglyphs]	M.		27.	55.
[hieroglyphs]	M.		34.	23.
[hieroglyphs]	M.		17.	9.

Noms propres

Noms			Inv.	Page
[hieroglyphs]	J.		27.	53.

_ _ _ _ _

Lectures à examiner.

[hieroglyphs]	Srs.		13.	15
[hieroglyphs]	J.		14.	5
[hieroglyphs]	J.		14.	5
[hieroglyphs]	J.		25	56.
[hieroglyphs]	M.		27	54.

_ _ _ _ _

Nom oublié.

[hieroglyphs]	M.		15	8.

Titres.

Titres.	Inv.	Page
𓏏𓏏 + 𓀀𓂝	58.	69.
𓏏𓏞	34.	24.
𓏏𓏞𓏏𓂝	18.	15.
𓏞𓏏𓏞𓏏𓂝𓏏𓏞	58.	9.
𓏞𓏏	18.	15.
𓏞𓏏𓏞	18.	15.
𓏞𓏏𓏞𓏏	17.	9.
𓏞𓏏𓏞𓏏𓏞𓏏	17.	9.
𓏞𓏏𓏞𓏏	18.	15.
𓏞𓏏𓏞𓏏𓏞𓏏𓏞	52.	59.
𓏏𓏞𓏏	16.	11.
𓏞𓏏𓏞𓏏𓏞	29.	19.
𓏞𓏏𓏞𓏏𓏞	31.	21.

Titres.

Titres.	Inv.	Page
𓋴𓃀𓈖𓏏	18.	14.
𓄿𓃀𓊪𓀀𓇋𓇋𓏤	17.	9.
𓈖𓏏𓂝𓂝	54.	64.
𓇯𓃀	29.	19.
𓇯𓃀	18.	15.
𓄿𓂋	17.	9.
𓉐𓉐	23.	39.
𓉐𓉐	17.	9.
𓉐𓂝𓂋	39.	26.
𓉐𓂝𓃀𓏥	39.	26.
𓉐𓇋𓃀𓏥𓇋𓇋𓈐	19.	17.
𓉐𓂝𓊪𓏏	17	9.
𓉐𓂝𓊪𓏏	17.	9.

Titres.

Titres.	Inv.	Page.
	17.	9.
	15.	7.
	43.	73.
	17.	9.
	18.	15.
	22.	63.
	52.	59.
	23.	39.
	27.	56.
	27.	53.
	27.	56.
	35.	46.
	41.	44.

Titres.

Titres.	Inv.	Page.
	42.	33.
	34.	24.
	52.	59.
	62.	72.
	58.	69.
	34.	24.
	41.	44.
	24.	29.
	59.	39
	15.	6.
	29.	19.
	35.	46.
	22.	62.

Titres.

Titres.

Titres.	Inv.	Page.
[hieroglyphs]	62.	72.
[hieroglyphs]	28.	46.
[hieroglyphs] var: [hieroglyphs]	20.	30.
[hieroglyphs]	42.	33.
[hieroglyphs]	17.	9.
[hieroglyphs]	29	19
[hieroglyphs]	25.	65.
[hieroglyphs]	28.	46.
[hieroglyphs]	37.	28.

Noms géographiques.

Noms.	Inv.	Page.
𓏤𓃀𓎡𓊖	29.	19.
𓏤𓃀𓎡𓊖	62	71.
𓏤𓃀𓎡𓊖	18.	13.
𓏤𓃀𓎡𓊖	19.	17.
𓏤𓃀𓎡𓊖	39.	26.
𓏤𓎡	31.	21.
𓏤𓎡𓊖	34.	22.
𓊨𓏤𓈙𓌕𓇳𓃭𓂋𓏤𓂻 e.t.e.	62.	72.
𓆇𓆑𓂋𓊖	59.	29.
𓊖𓏤𓊌	26.	5 %
𓇳𓏤𓋴𓊖	62.	72.
𓂋𓈖𓇳𓊖	42.	32.
𓏤𓊪𓏤𓊖	31.	21.

Noms géographiques.

Noms	Inv.	Page
	59.	29.
	23.	40.
	34.	23.
	62.	71.
	59	29.
	19.	17.
	29.	19
	25.	65.

TABLE DES CONCORDANCES.

INVENTAIRE	PAGE	INVENTAIRE	PAGE
14	1	34	22
15	6	35	45
16	10	37	27
17	8	38	41
18	13	39	25
19	11	40	27
20	30	41	43
21	33	42	31
22	32	43	73
23	35	52	57
24	36	54	64
25	64	55	47
26	56	56	69
27	52	57	67
28	45	58	68

AXEL E. AAMODT. COPENHAGUE.

LaVergne, TN USA
30 June 2010
187943LV00003B/37/P